CATACLISMOS INTERIORES

POESIA

ADELA SOTO ALVAREZ

- ISBN: 9798668301447

Autor. Lic. Adela Soto Álvarez

Revisión. ASA

Diseño de portada. ASA

Edición. ASA

Impresión. Amazon. Com

Kindle Direct Publishing

Lo único que tenías de especial, era mi forma de verte.

La decepción es una especie de bancarrota: la bancarrota de un alma que gasta demasiado en esperanza y expectativa.

Eric Hoffer

PROLOGO

CATACLISMOS INTERIORES, es un nuevo poemario que sale a la luz extraído de los lugares más recónditos de esta escritora cubano-américa Adela Soto Álvarez autora de las novelas el Imperio de la Simulación 2005, Los vientos de la razón 2012, Aprender a Vivir 2013, Dos orillas y un destino 2014, Golpes a la Inocencia 2016, Las Moles del Silencio 2016, Los azotes del exilio 2016 entre otras de corte social, así como un buen numero de poemarios como: Una mujer en las esquirlas del espejo, Bajo un reloj de arenas, Exilio interior, Concierto en la hojarasca, entre otros

de factura intimista, filosóficos y sociales.

También ha sido galardonada en diferentes certámenes de novela, poesía y literatura infantil entre otros.

Los invito a disfrutar de la profundidad de estos nuevos poemas, que van desde el amor más pasional, hasta el dolor más intenso

Adela Soto Álvarez

Escritora cubanoamericana, Periodista, Poeta, Guionista, Diseñador, y Editora,

ENCANDILADA

Encandilada y metida

en una enorme impresión

cavé durante años

saque todo lo bueno

lo malo

aboné el fondo

hasta llegar al firme

despojando las galeras herrumbrosas

y los golpes acumulados a mansalva

Quise ser reina

y fui más que plebeya

dentro de un corazón satanizado

lleno de clavos

y martillazos

Cavé como quien busca

algo distinto

aunque fuera un ápice

de sentimiento puro

Te hablé horas enteras

sin respiro

Te quise hacer a imagen

y semejanza

levantando una estatua

en arenas movedizas

Me prive de gemir

de andar a la deriva

con la sonrisa como escudo

Llene mis ojos de lágrimas polvorientas

de amargas embestidas

siendo blanco de cuchillas y sablazos

Sali de mi por muchas veces

quise penetrar tu coraza

y tu miedo

la hostilidad que llevas abanderada

Solamente me encontré con púas

parajes de desprecios

donde falsas palabras convertías

en culpas.

Sali de ti y entre en mi

donde no quedaba nada

o casi nada

Así se consumió mi juventud

sin dejar de escarbar cuatro capas más abajo

más nunca pude encontrar

ese lugar lleno de vida

que imagine llevabas para dármelo

Palabras y más palabras

rompieron el hechizo

hasta esa noche

en que choque con mi sombra

desconcertada y afligida

Mientras tu continuabas

dentro de un resplandor ajeno

Manejado por maldad y poderío

Tratando de encontrarte el firme

tropecé con un fondo pestilente

donde habitan culebras y batracios

y cuando sale el sol

Tú lo destruyes.

OJOS DESHUMANIZADOS

Tenías los ojos deshumanizados
y una manera insolente
de decir las cosas.
Yo era débil
por falta de cobijas
y ni a ti ni a nadie le importaba
Hasta la noche de los aguijones
y los zancudos
donde perdí las pocas fuerzas
a pesar del declive
Los sueños continuaron cabalgando
hasta encontrar
la punta del iceberg

donde tus oídos explotaron

Y no es que mi voz era explosiva

solamente armoniosa y leve

y tu estabas acostumbrado

al empellón y la tortura

para poder saciar tu instinto

descompuesto

Tenías los ojos deshumanizados

y un sabor a desamparo

entre una crueldad

imposible de extinguir

A pesar de las cartománticas

y las brujas

a pesar de los anhelos

sembrados en tierra santa

a pesar de mi

y hasta a pesar de ti

Tenías los ojos deshumanizados

y un escuadrón de verdugos

en el pecho

SUEÑO AGRESTE

En medio de un fuerte abrupto
penetré mi ojo más agudo
las fisuras eran gigantes
llenas de arenas movedizas
y caballos a galope tendido
Se apodero el terror
y comencé a perderme
dentro de mí misma
aferrada a la primera tabla
y con ganas inmensas de escaparme
Había hombres nauseabundos
Mujeres dislocadas
con las mejillas llenas de huecos

El viento entraba y salía

abriendo mucho más las hendiduras

Niños acorazados

custodiados por águilas y galápagos

dirigidas

por el monstruo de la lengua de púas

La hechicera de las tinieblas

encaprichada en ceñirse a mi cintura

Mi corazón como estopa

marchitado y sin juicio

daba sus últimos latidos

en espera de la invasión de las pirañas

Me siento anafe

lleno de cenizas y efemérides

también gravitan

tus ojos de armadillo

más marinos que nunca

Junto a ellos un retrete

donde guardas palomillas apolismadas

y un montón de gorrioncillos torpes

Miro y vuelvo a mirar

por las rendijas

donde acumulan el montón de disparates

Rueda la angustia

resignada y sin remedio

Nadie podrá sacarnos de esta pesadilla

Ni, aunque la mar se haga de tierra

Y nos permita el paso

Nos arrastra la lava

de norte a sur

y de este a oeste

No tengo fuerzas

para despertarme

CONTRA LA VIRGINIDAD DE MIS EMOCIONES

Tanto tiempo de espera

tantas lágrimas sin salir

El grito desesperado

acosando la sangre y sus perfiles

El temor a qué un día

o una noche

No regresaras

Y al fin sucedió

ese día cualquiera

donde sorprendida

y demente

te vi como un hálito

desapareciéndote en un tumulto

de palabras culposas

perforando la supuesta raíz

Tu rostro peliagudo

indiferente y tóxico

contra la virginidad de mis emociones

¿Quién te dijo

que el sentimiento tiene edad?

No sabes que la envoltura se agrieta

pero la parte interna

siempre va escoltada de un suspiro

PENA AGUDA

Estoy frente al escuadrón de nubes

asediada por un olvido inclemente

encaprichado

y morboso

donde no cabe mi identidad

El gran vacío se apodero nuevamente

comenzaron a secarse los álamos

y las trepadoras

ni una sola rosa quedó

Tan sólo el espantapájaros que no deja de mirarme

acelerando mi orfandad

con sus lanzamientos de puñales de paja

Tampoco queda un colibrí, ni un zunzún

Ni la fachada blanca o negra

que abría sus puertas con la mayor de las ingenuidades

Solamente gaviotas sin rumbo

y lechuzas ocultas tras las endebles ramas

que no dejan de asomar su sequia

tras un descontento a fuerza de empellones

Yo, la supuesta dueña y señora

sujetándote los descalabros

la que nunca cerró la verja

ni la puerta

ni siquiera el pan y el vino

A pesar de la muerte que traías en la espalda

Yo la mujer salvavidas

sacando a flote tus necedades más perentorias

Hoy voy y vengo

sin amuleto para la salvación

con la fe en sube y baja

unas de rodillas

otras lanzándome piedras a mí misma

desollada de arrepentimiento.

y a la vez juzgándome por estúpida

Sin encontrar la tabla

ni el caparazón

donde ocultar mi pena aguda

LA VIDA GIRA

La vida gira y vuelve a girar

hasta parar su ruleta inevitable

Muchas veces nos precipitamos

considerando el dolor

una bomba de neutrones

sin embargo

cuando llega el antídoto

nos sorprendemos

al ver

que ya no lo necesitamos

Todo pasa en unos pocos segundos

Todo entra y sale

Lo mismo el vacío, que la repletes

las obsesiones y los desencantos

Incluso las más profundas heridas

granulan y se cierran

dando otras oportunidades

en las que jamás pensaste

Por eso

sujétate a la fe

Al gran velero

A la estirpe que llevas como legado

Que los muertos entierren a sus muertos

y las humillaciones

encuentren el dique abierto

Yo creí morir

incluso sentí la guadaña

brindándome protección

en sus recintos pestilentes

Soñé con catacumbas

Con derrumbes corporales

sin poder creer que el tiempo borra

que ayer no es hoy

y aunque te duela

siempre aparece la aguja para el descocido

El placer de una mirada

Un te quiero

La mano que nunca deja de extenderse

El amanecer y la esperanza

llena de acrobacias y pájaros de luz

Por esto y más

no dejes que te entierren vivo

y mucho menos que te muestren

el ataúd donde piensan guardar

tu esqueleto magullado

INGENUIDAD

Qué soy

Quién soy

Murmura el griterío

Que convulsiona

La parte que más endeble

Y siento

Como una briza aguda

Se posa en mi cuello

Sube el montón de lágrimas

Amargas e incoloras

Y estallan las briznas de la inmodestia

Con sus filosos dientes

Miro y no veo

Veo y no miro

Sin embargo, estas detrás

De la muralla

Con tu escarabajo amarillo

Deteniendo la corriente

Soplan vientos alisios

Se meten entre el esternón

Y el hálito

Empeñados

En castrar las ostras

Que permanecen fuera de contexto

Hace más de un siglo

Que regresé de los molinos

Donde fui emboscada

Y fraccionada

Allí dejé mi bandera blanca

Con lazos y trepadoras

Y ni siquiera notas

Mi presencia en tus ojos

Convertidos en lingotes

Tampoco el canto de las sirenas

Imaginando que los sueños

Solamente los llevo en el cerebro

Nada de eso importa

Porque se acerca el loro blanco

Oscuro y polvoriento

Entonces a quién te aferraras

Sin manos ni garrotes

A quién vas a exigir

Un minuto de asueto.

FRACASOS EN BLANCO Y NEGRO

Fracasos en blanco y negro
Merodean las calles impacientes
Un rictus amargo
Permanece
Atado al rostro
La ciudad se hace lumbre
Y por segundos se apaga
Heridas a granel
E infortunios sirven de soga
Casi todos han perdido la voz
Y naufragan con las vísceras por fuera
Muchos aseguran

Que no estamos en tiempos de milagros

Otros pelan sus rodillas

Y no obtienen respuesta

Bufones abiertos de par en par

Tragándose lagartos enérgicos

Lamiendo del silencio bullanguero

Que entra y sale por el hueco

Otros beben dosis muy altas de mentiras

Se indigestan y continúan con la cruz

Y la alforja

Se abrazan a la marea

Cada vez más agresiva

Hacen chalupas de ilusiones

Y a medio camino

El dios de los mares

Los lanza sobre los farallones

Unos son devorados por las tintoreras

Otros por las rejas malolientes y frías.

Al final todo es lo mismo

Un día más con la muerte

como espía.

CADENAS

Las cadenas continúan

Aplastándonos los hombros

Tintineadas por el viento

Caemos y volvemos a caer

Unos esperamos por los inquisidores

Otros esperando por el arca

Bebiendo hasta indigestarse

Todos cargamos una alforja y una cruz

La alforja llena de sucesos y desaliños

La cruz sobre la columna

Tintineándose con el viento

Ideas y gazapos

Taladran y agonizan

Mientras los ojos

No cesan de lagrimear

Pasado

Presente

Y futuro

Quién me iba a decir

Que al caer no podría levantarme

Atada a ese dolor

Más que dolor

fuerza indestructible

Que últimamente anda de modas

Derrumbando

Muros

Y palestras

OSCURIDAD Y ESTRUENDOS

Mis dignas manos

No pudieron

Con la oscuridad y los estruendos

Que lanzaban tus ojos maniatados

Todo fue a capricho

Porque es la forma que tienes

De apretar la cuerda

Incluso los pergaminos

Llenos de palabras estranguladas

Y otras sin decir

Todo el tiempo el silencio

Con la boca abierta

Y el pez aullando

Un hueco, casi abismo

Dando paso

A los malentendidos

Sin importarles el vocablo limpio

Ni si el corazón cayó contra la acera

Quién podía recapacitar

A pesar de la voz

Elocuente

Que no dejo de gruñir

En las noches más divinas

Ni cuando me abrí

A pesar del acoso de los plebeyos

Enviándome mensajes a granel

Deshilachando pasado y presente

Cuando te creía emperador

Y esculpí para ti

Una estatua

De mármol puro

Lavé tus pies

Incineré pretensiones y aleluyas

Ambicioné alejarte de los abismos

Que no dejan de perseguirte

Me fui contra los helenos

Fariseos y mundanos

Toque a degüello

En las mismas puertas del Edén

Crucifique costumbres

Luché contra bárbaros, alcahuetes y vikingos

Le encendí velas a mandraque el mago

A Houdini

A las siete potencias africanas

Subí nueve veces el Tíbet

Pele mis rodillas en ofrendas y oratorios

Y a cada instante el cepo era más cruel

Nunca hubo ni una señal

Ni en las vigas del alero

Llovizna

Impiedad

Y repugnancia

Llevabas un látigo

oculto tras la sonrisa

de ángel seductor

Eras escombro

Y nadie lo sabía

ASALTO INTIMO

Asaltan mi memoria

Nubes encalladas

Entre vapores pictográficos

Y un ir y venir

De ideas alucinantes

En este mismo espacio

Donde no cabe ni un suspiro

Configuro el agua con espuma sonora

Escucho grillos

De mostachos apagados

Vuelan sobre mi cintas y piruetas

De miles de colores

Incandescentes

Suenan cascabeles y búhos

Escoltando

La última morada

Donde aclamamos el futuro

La única vez

Que nos miramos a los ojos

INCENDIO INTERIOR

Se incendia el interior
de una aldea llena de mentiras
Unos disfrazados de perros
Otros lamiéndole los zapatos
al primero que diga si o no
La mayoría oculta la malevolencia
y el azufre que filtran
tras la sonrisa trémula
Un montón de breas moribundas
y crepúsculos al por mayor
esperan el desenlace
Los pájaros son los únicos
que aun picotean

Mientras el mar

Suelta al viento

Algas y medusas

Como espectáculo

Comienza la búsqueda

Con la cara al sol

Y el corazón en positivo

Me disuelve

Un rictus amargo y desvelante

Envuelto en pedazos de cristal

También aparecen

Avecillas disonantes

Con ponzoñas y dientes

Me oculto en el vaivén

De todas las miradas

De doble filo

Suena el grito

La seca y el barranco

Donde expongo mi entidad

Muchas veces desmoronada

Otras llenas de vigor y sueños

Mientras tú te evaporas

Lentamente hasta perderte

En el más profundo olvido.

PASOS INSEGUROS

Ahora que suceso nuevo

Vas a inventar

Sin mirarte por dentro

Y sacar del fondo

Si es que lo tienes

Tus defectos más osados

El vicio que corroe

Tus pasos inseguros

La estadía que te obligas

Ante la falta de productos

Para la cena

A veces nos miramos por dentro

y el corazón ha dejado de latir

y no sabemos causas, ni motivo

incluso no quedan vísceras

ni un soplo

que afirme lo contrario

Sin embargo, estas ahí

henchido

delante de la gente

Y a solas

te baña un mar de lágrimas

concisas e inseguras

Que te dejan nulo

Apagado

y Perdido

Sin saber dónde encontrar

un tapuje que cubra

tus afiebrados huesos.

TEMPANO DE HIELO

Cansada de conversar con el silencio
busco en la oscuridad
Lo que pudo quedar
pero no encuentro nada
Sólo un espacio de soledad y vacío
algún que otro murmullo
de lejanos alborotos
una jaula
y un montón de deseos
encadenados
a un tempano de hielo

DESBOCADO

Un as de basto
Lleno de plumas amarillas
Tintinea desbocado y confuso
Es hora de ajustar las cuentas
Pagar la deuda
Si estamos a tiempo
La marea se enraíza
Sobre los pedazos de inmodestia
Y nos vamos convirtiendo
En peces sin voz
Aunque creamos lo contrario
La inmadurez nunca termina

Por eso no queremos

Mirarnos al espejo

En él hay muchas verdades

Demasiado injustas

Para cualquiera

Que comience a transformarse

Una mueca hoy

Otra mañana

Y el tridente clavado en la pupila

Así comienzan los insomnios

La demolición

Del ojo ajeno

Porque aún no han cruzado

La frontera

Ni han perdido el color

Y se creen unipotentes

Ante los descarrilados

Cerca al caparazón

De la momia Egipcia

Condenada por un mordisco

Por eso caminamos

Con la cruz a cuesta

Entre un montón

de frutas prohibidas

Y ese alambre de púas

metido entre las piernas

REALIDAD

Metidos en un zurrón

Con el pecho abierto

Y la mirada nula

Deambulamos

Inseguros

A pesar del salvo conducto

Que legamos

Al llegar

A este deplorable recinto

Llenos de reflejos turbios

E inmundo olor

Arrastras

Vamos sin destino

Las nubes nos expían

Nos maldicen los astros

Todo es un vaivén

Sobre la cuerda floja

Sirviendo de ratones

De laboratorio

Miserientos

Y mancillados

Que ya es mucho decir

Al final no queda sortilegio

Somos

seres aplastados

Llenos de sabandijas

DONDE LA VIDA SE AMONTONA

Agredida por la inquisición mundana
Donde no siempre
Dos y dos son cuatro
Persisto
Anudada a innumerables décadas
Sin cobija
Ni dueño
Esclavizada al mismo hechizo
Que por mucho que lo atice
No despunta
Cruzo la pradera
Donde la vida se amontona

Conozco cada día más

Del torbellino del hambriento

Su color a espuma blanquecina

Hacen jaque

En mi desvencijado pecho

Y ahí es donde

Aparecen en escena

Demonios y faranduleros

Llenando mi última voluntad

de pajarillos locos

Qué injusticia

La de los trúhanes

Edulcorando la quinta sinfonía

Con los ojos metidos

En el peor de las decoros

HUIDA

Siempre huyendo
Despavorida
Creyendo de forma
Paranoica y a veces petulante
En las arcas suicidas
O en el buen samaritano
Con su mano abierta
Y solamente logro ver
Tontuelos desterrados
Henchidos de dolor
Creyendo que existe
La complacencia

En los predios del ave de rapiña

Empecinada en clavar su pico

A veces soñamos

Con gaviotas gigantes

Que brindan su lomo

A la huida

Pero ni así llega la salvación

Hemos nacido

Con el pecado y el karma

Tatuados de pies a cabeza

Con las lágrimas en cantidades abismales

Y el demoniaco olor a óxido

Cada día más fuerte

El alarido merodeando

La embestida

De la primera polución

Que desee exterminarnos

Nosotros

Todos

Los que huimos

De la hoguera y el cepo

O de la compañía del fantasma

Que jamás tiene por expuesta

Ni una caricia ni un arrojo

Cabalgamos sobre el diente de perro

Chocando con las murallas

Hambrientas

Y demoledoras

Del desprecio y sus consecuencias

Nadie nos agazapa

Ni nos sirve de escondite

Cuando nos ven a punto de caer

Nos empujan

Y magullan

Después

Viene el convite

A terminar con la respiración

A mí me han mordido muchas veces

Me han dejado sin nada

Y nadie se atreve

A rellenar mi pecho

Por eso se me hincha

Y obtuve el título de estúpida a la N

Cobijada por escorpiones

Y salamandras de la peor especie

Unas veces imploro a la piedad

Otras a los espantapájaros

Algunas veces me hundo en la cueva

De las lagartijas y los saltamontes

Mitad mujer

Mitad sombra

La lumbre apenas nos calienta

Y seguimos huyendo

Del impío

Y de nosotros mismos

Ojalá llegue la salvación

Y nos rescate de este vuelo sin alas

Y cuando estemos frente al tribunal

Inquisidor

Nos curen las heridas

Con romerillo y miel

Huimos

Es cierto

Y seguiremos huyendo

Porque la diversidad es una mole

Llena de agujeros

Por donde se escapa segundo

A segundo

Esa tranquilidad notoria

Que tanto merecemos.

PESADILLA

Veo un enigmático sendero

Bestias disputándose mis huesos

Un cautiverio mucho más despiadado

Donde el festín de cuervos es el plato fuerte

Y el pájaro mayor

Quien catea mis tentáculos

También un profundo barranco

Y un haz de luz

Tardío

Empecinado

En clavarme sus dientes imperfectos

A mi diestra

Hojas de doble filo

Y una mujer a oscuras

Debatiéndose

LOS AULLIDOS DE LA SOLEDAD...

La soledad es como un lobo

Que cuando comienza a aullar

Desata los ejércitos que amparan la memoria

Por eso es que me fundo irresistible

Detrás de la mirada

Y busco lentamente

Dónde profetizaron

La rigurosa pulcritud del laberinto

Dónde la tripa de pato que me sirve de soga

Por qué destinaron a mis recuerdos

Sirios y troyanos en estampida y duelo

Tampoco puedo entender

Por qué los escoceses dispararon cañones

De marañón tostado

Mi madre en la alacena recolectando suspiros

Mi padre bocanadas de mando

Y mi hermana como siempre

Ausente y lisonjera

burlándose de los hilos de mis remos

Mientras yo me aferraba al chaleco antibalas

Tratando de encontrar una sonrisa diáfana

En la interminable oscuridad que me asediaba

TABERNACULO CORPOREO

Mi espíritu totalmente en crisis

Blasfema de la sangre que circula

Más allá del miocardio contagiado

Se ha ido desgranando

En sus múltiples intentos al vacío

Donde solamente encuentra

La incandescencia en alegato

Mi espíritu totalmente en crisis

Riega el descontento

En su estoico cabalgar

Sin poder evitar el dolor manso

Ni el gran dolor

Mi espíritu totalmente en crisis

Ha perdido el equilibrio

Ante los inevitables acosos del crepúsculo

Se ha vuelto tabernáculo corpóreo

En espera

A qué un próximo zarpazo

Arroje su identidad

Sobre las cuatro corrientes de la vida

CANSANCIO EN DIAGONAL

Me cansé de vivir la metamorfosis

Que enmascara la pureza del espíritu

De medio siglo de atropello mundano

Embalsamada de estiércol y luces insidiosas

Me cansé de sobrevivir con el antifaz piadoso

Anudado a la más vil torpeza

Tan sólo por calmar la sed

Que gota a gota

Riega la parte más endeble

Me cansé de este infierno terrenal

A veces a hurtadillas y otras como avalancha

Me cansé de mirar sin ver

Y de ver sin mirar

Descubriéndome el final de la abnegación

Como la más aturdida de las desmesuradas

Me cansé de sentir caer el polvo

Sobre los cuerpos misericordiosos

Mientras los arrogantes sacuden la complejidad

Y ganan una nueva existencia

Me cansé de ser siempre la misma

Con el futuro en teoría y el contexto masacrado

NUEVAMENTE

Nuevamente con la verdad a cuestas

Totalmente incomprendida

E impotente

Anclada a una ciudad que no me mira

Soportando el gran pecado de los dioses

Y los brujos

Tan sólo por querer calmar el fuego

De nada vale que me ancle a la leyenda

Y pretenda zarpar a un nuevo día

Hay mucha oscuridad en el espejo

Muchas lenguas aparentemente incautas

Derramando ingratitud y prepotencia

¿Cómo podré quitarme la desidia

¿Qué persistente quema mis dominios?

¿Cómo poder volver a ser oído reacio

¿Con tanto bullicio acumulado?

DESCONTENTO

Me duele tanto la memoria

Que no sé si entré por esa puerta

O vuelvo a encontrarme a la intemperie

Con todo el tumulto del mundo sobre el hombro

Pero me siento a merced de un gran desastre

Que no deja de hacerme señas de soslayo

Mientras mis manos tejen

Crónicas atribuladas

Poemas con metáforas y esquirlas

Entre otros griteríos internos

INMUTABLE

Me duele tanto la memoria

Que siento a mi diestra melodías discordantes

Agobios irreconocibles

Y un montón de símbolos inanimados

También siento que mancillan mi cerebro

Realidades de inmutables rostros

Desmoronándose en su propia catástrofe

¿Por qué esta realidad arruinadora

Precisamente ahora

¿Que estoy en medio de una guerra libre?

No quiero la oscuridad

Ni el paso inseguro

Después de haber dado hasta la transpiración

Señor tú conoces los demonios

Que cargamos los poetas

La necesidad de describirlo todo

Por eso te suplico

No condenes mi inconformidad

Necesito ser luz capital

No una pieza inanimada

En medio del museo de la vida

Donde los espectadores desconocen el alma

No es justo pasar a un estatus inclemente

Tan sólo porque el albur

Propagó sus designios

Endebles e inseguros

Ya no me podré mirar nuevamente al espejo

Ni ver las páginas del esplendor

Solamente el ámbito discordante

De un cerebro a mil por horas

Aferrado al titilar de lo imposible

¿Qué será de mi corazón a prueba de crujidos

¿Conformándose con mensajes a tientas?

El que siempre fue lozano

De pronto atado

Al ángulo sórdido y confuso

De una bomba de tiempo

Sin poder divisar los prodigios de la pluma

Cuando quieran derramarse

Perpetuando la belleza

¿Por qué entonces esta suerte de epitafio

¿En plena transparencia?

¿Por qué me desheredan del albor

Condenándome a vivir un cataclismo

¿Qué disloca sin piedad mí presente y futuro?

¿Qué podré hacer Señor anta lo irreversible?

Sí por mucho que imploro

Todo me suena injusto

Los árboles, las rosas

Las aves, hasta las piedras

Añosas y apagadas

Sólo me responde el conformismo

Y la eterna soledad por compañía.

FALSO VELO

Me retiene tu luz

El falso velo

Esa forma de asirte

Pero tengo recelo

Al gran peligro

A esa orfandad sombría

Que profesan tus labios

De niña le temía

Al desenfreno

De quedarme sin luz

Ahora le temo al fuego

Y a las premoniciones

Que salen del azogue

A los despeñaderos

Al tiempo insular que nos separe

En ese mismo instante

En que el invierno llegue

Por eso siento pánico

A la majestuosidad

Que sale de tus poros

A seguir rumbo a la pendiente

En medio de un océano de peligros

Donde no tengo barco

Ni timonel

Ni remos

Siento un enorme dolor

A que me estés perdiendo

A que te esté perdiendo

Y qué llegue diciembre

Sin un nuevo arrebol

Para el santuario

También a ese bosquejo negro

Que viene de los páramos

A la hora imprecisa

Y más que todo

A que vuelva a quedarse

Mi corazón sin dueño.

DESEQUILIBRIOS

Por ser más materia que espíritu

Y en ocasiones más espíritu que materia

No he podido encontrar el punto exacto

Por eso

Me paso todo el tiempo

En busca de la palabra mágica

Que asoma

Pero no penetra el umbral de mi desdicha

Yo la estúpida avecilla sin alas

Creyéndome profeta de la suerte

Si más bien soy

"El patriarca devoto de la duda "

Investigando en diferentes contextos

La verdad superior

Que escurridiza

Se acerca y zarpa

En la incontinencia

De mí misma

EN LOS MANICOMIOS DE SIBERIA

Todos los días hundida

En una desolación mayor y rutinaria

A pesar de las oraciones y los mantras

Que dedico a mis creencias más profundas.

Hago ofrendas a la noche y a la muerte

Para que me concedan menor peso

Pero ninguna escuchó ni escucha

Y es por eso por lo que reniego como discípula

Y otras como maestra.

Sin poder olvidar

Mi convivencia anacrónica

En los manicomios de Siberia

En ellos conocí

La ineluctable incertidumbre

de la vida.

Cuando me aseguraron

Encontrar paz interior

Y solamente fui una nueva demente

Leña para la llama promocional

De aquellos que manipulan por decreto

Y hacen del hombre un trapo indefinido

Casi siempre sin rostro propio.

Una sordera aguda, se riega en mi casucha

Donde no existe legado oportuno

Ni siquiera un símbolo elocuente

Que dé señales de serenidad

O por lo menos de paciencia

Voces en regresión

Martillando incansables el silencio

Antiguas exclamaciones

Sumisión

Infernal desastre

Cadáveres en la memoria

Salvas de Urgencia

Y otras lanzadas sin urgencia

Sobre el ego y la voluntad

Y sobre los cuerpos convertidos en símbolos

Remembranzas

A granel

Ni siquiera el roce de una estrella

Que provoque en mi epidermis el gran milagro

De volver a ser quien fui,

O simplemente a ser quien soy

Sin menos bulla.

RESURGIENDO

Desde la distancia

E inevitablemente inconfundible

Llegas inesperado y cauteloso

Dejando caer en cada silaba

Un pedazo de las quimeras

Que construimos juntos

Y yo voy descubriendo

Como el recuerdo infernal o glorioso

Permanece intocable.

Cuánto desearía

Qué en vez de palabras luminosas

Llegará el misterio del lenguaje

Envuelto en un hasta siempre

Y dejaras de temerle al instante

Comprendiendo de una vez

La insólita pausa que es la vida

Casi siempre el orgullo nos pierde

Y perdemos de vista que un hombre y una mujer

Pueden ser la eternidad

Por eso no es justo conformarse

Con ser polvo y olvido

El mundo es hoy

Entonces para qué continuar esta guerra troyana

Pues no estamos en Grecia

Ni tú eres Homero

Ni yo la diosa Afrodita

Para este tiroteo de manuscritos ofuscados

Sí estamos seguros

Qué muchos recuerdos azotan la conciencia

Aún existen huellas imborrables

Una canción

Y un mimo silencioso

PAJARO SALVAJE

Tengo las manos deshechas

De acaricia la nada

Y hurgar en la razón

De mi jaula de infortunios

diabólicos y santos

Todos en su afán de asirse al nuevo día

Olvidando la cruz del madero

Que llevamos como herencia.

El polvo rueda por todos mis rincones

Me lleva sin piedad

Al confín de una espera

Tenebrosa

E intensamente larga

Cuando mi corazón quisiera ser más hábil

Gritar

reír

Sentirse

Soberbiamente

Libre, feliz y comprendido

Pero solamente llega olor a yerba seca

Y el humo que dejaron símbolos y mortales

En su paso inestable y confundido

Por eso no me resigno

A esta pausa sin origen

Donde no sé si soy, o nunca he sido

Mucho menos a ver los frutos secos

Y qué así porque sí

Repitan en La Mayor

Que fue mala cosecha

Y malo el regadío

Ya no me quedan fuerzas

Ni siquiera un suspiro

Para aspirar la calma

Tengo las manos crispadas

Y el alma al rojo vivo

Mientras voy convirtiendo mis abismos

En la morada del pájaro salvaje

Que sin saber

Dónde,

Cómo

Ni cuándo

Le cortaron las alas.

LA OBEJA NEGRA

Soy la oveja negra

De un rebaño familiar

Que no entiende de diversidades

Y mucho menos del alma de un poeta

La oveja rebelde que se enfrentó al monstruo cotidiano

Para ver brillar, aunque fuera en sal muera

Su más preciada aspiración

La insomne adolescente que pasó a la vejez

Llena de designios y estocadas

Pero qué continúo irreverente

A cualquier mandato alcaico

Donde prevalecían caprichos

Y no la realidad absoluta

Por eso soy la que deambula sin calma

Sintiéndose expulsada de la vida

La viajera de un buque suicida

Que siempre zarpa

A la intemperie

La incomprendida, e inconforme

Mujer de nadie

Porque en cada alguien ve un posible demonio

Soy la portadora de la infelicidad

Según afirman los frutos que concebí

Y hoy me clavan en la cruz de la culpa

También me avasallan los frutos de esos frutos

Y aquellos que se injertan en sus ramas

Convencidos por herencia

Que soy nota inarmónica

Del pentagrama "Machista "

Que predomina en sus conciertos

Y no saben que tan sólo soy

La Dulcinea de Ortodoxo

En espera de un Quijote alucinado

Envuelta en un manto de dudas

Horrendamente herida

A veces desquiciada

Profetizando la bondad en la maldad

Y viceversa

La iracunda y desafiante contra el extremismo

La defensora implacable de la lógica

Aunque ninguno quiera permitirme

Cumplir con mi misión perpetua

Tal vez sea quién ellos menos se imaginan

Quizás ni yo misma me conozco

Porque a veces el ego nos alivia

Pero al final nos aplasta como ratas

Lo único que sé es

Que ya no soporto por más tiempo

Esta pesada carga

De haber sido elegida para habitar

Como la oveja negra

De un rebaño familiar

Que nunca aceptara mi afán

Por conocer el otro lado de la puerta

TORMENTO

Procuraré conservar la calma

Aunque la razón siga tormentosa

Y no me quede ni un renglón de optimismo

A veces pienso que me invade la locura

Que las fuerzas flaquean ante el grito

Cuando lo siento resonar cada vez con más fuerza

Me he convertido poco a poco

En un desaliñado alpinista

Que huye del peligro

Y sin querer regresa nuevamente

No sé si algún día me fui o no he llegado

Al ángulo perfecto

O cada vez me hundo en la vertiente desquiciada

El agua es más cadenciosa

Porque disfruta del beneplácito de la carne

Pero les aseguro que mi sueño era limpio

Sin negar mis prejuicios de poeta

Para sentirme así

Como leño arrancado del fuego

Sin más futuro

Que esta choza oscura

Donde el tiempo es un animal carnívoro

Despedazando minuto a minuto

Los árboles que planto

En un terreno infértil

"

ES CIERTO SOY CULPABLE

Soy la sospechosa delirante

Que lleva la bomba en la palabra y en la pluma

La comunicadora que refutan y ridiculizan

Y hasta pretenden quitarme mi amuleto

De inspiración y lirica

Soy la loca que vive su propia guerra

Según afirman los insípidos de turno

Cuando me acusan de libre pensadora

Tratando de neutralizar mi rebeldía

Estúpidos e incoloros vasallos

Atados al pan y al vino

Sin ver como se vaporiza el mundo

En el pequeño espacio de una hermética isla

Es cierto soy culpable de todo

Pero nunca impura, ni traidora a mis ideas

Mucho menos cautiva de mi clase

Porque tengo tentáculos para la ignorancia

Y una lengua con filo

Contra los inseguros

Vivo fuera del circo, feliz y complacida

Publicando en mi cerebro

Mi impublicable pensamiento

También mis poemas circulan clandestinos

En impresiones rusticas,

Condenadas, y prohibidas

Para muchos peligrosas,

Cursiles, y oblicuas

Aunque ni sepan

Lo que significa esta palabra

Es cierto soy culpable

De no llevar credenciales ni estandartes

A la fuerza

Y si de ir de frente

Contra todas las batallas

Con un coraje a prueba de calabozos

Y sin permitirme ser títere de nadie.

ESCOLLOS DEL CAMINO

Con ánimo taciturno
Corté los escollos del camino
Pero tú venías con botas de siete leguas
Haciéndome creer
Que no había diferencias
Entre la realidad y el delirio
Y así me fui confinando
Al mundo del asombro
Hasta que descubrí
La distancia abismal
Entre el horizonte y los vocablos
Todos repetidos en horas imprecisas
Cuando tanto necesitaba salvarme

Del cataclismo y sus nevadas

Recuerdo que cantaste tus victorias

A la vez que te exhibías soberbiamente inmaculado

Hoy te veo cruzar prodigo y galante

Exigiendo un legado

Que solamente existe en tu memoria

A la vez que olvidas

La originalidad de aquel dilema

Donde quedé postrada

Se te olvidó también el derroche de impiedades

Con misión de verdugo

En el más siniestro sacrilegio

Cuando todo pudo haber sido diferente

Sin teatros

Ni circos

Y sin crear leyendas

Lanzadas como eclosión

Por eso, aunque hoy me veas

Con la mirada estéril

Aún me queda una clave que concuerde

En este diapasón de decepciones

INDICE

PASOS INSEGUROS

TEMPANO DE HIELO

DESBOCADO

REALIDAD

DONDE LA VIDA SE AMONTONA

HUIDA

PESADILLA

LOS AULLIDOS DE LA SOLEDAD

TABERNACULO CORPOREO

CANSANCIO EN DIAGONAL

NUEVAMENTE

DESCONTENTO

INMUTABLE

FALSO VELO

DESEQUILIBRIOS

EN LOS MANICOMIOS DE SIBERIA

RESURGIENDO

PAJARO SALVAJE

LA OBEJA NEGRA

TORMENTO

ES CIERTO SOY CULPABLE

ESCOLLOS DEL CAMINO

www.ingramcontent.com/pod-product-compliance
Lightning Source LLC
LaVergne TN
LVHW010112170826
845678LV00012B/2370

* 9 7 9 8 6 6 8 3 0 1 4 4 7 *